ANA TUUBU RACHEL

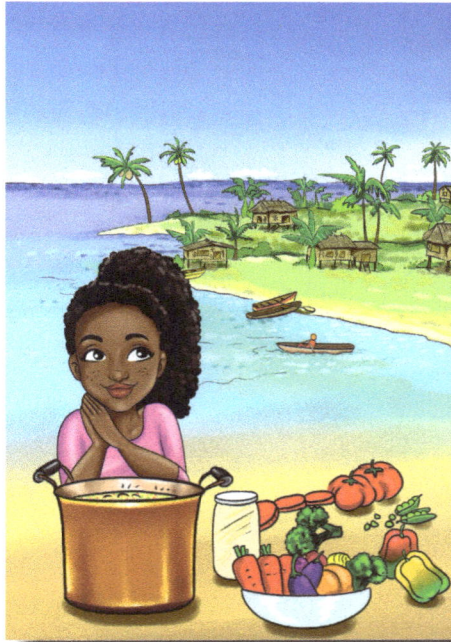

Te korokaraki iroun Stephanie Kizimchuk
Te korotaamnei iroun Nancy Malsawmthar

Library For All Ltd.

E boutokaaki karaoan te boki aio i aan ana reitaki ae tamaaroa te Tautaeka ni Kiribati ma te Tautaeka n Aotiteeria rinanon te Bootaki n Reirei. E boboto te reitaki aio i aon katamaaroaan te reirei ibukiia ataein Kiribati ni kabane.

E boreetiaki te boki aio iroun te Library for All rinanon ana mwane ni buoka te Tautaeka n Aotiteeria.

Te Library for All bon te rabwata ae aki karekemwane mai Aotiteeria ao e boboto ana mwakuri i aon kataabangakan te ataibwai bwa e na kona n reke irouia aomata ni kabane. Noora libraryforall.org

Ana tuubu Rachel

E moan boreetiaki 2022
E moan boreetiaki te katootoo aio n 2022

E boreetiaki iroun Library For All Ltd
Meeri: info@libraryforall.org
URL: libraryforall.org

Te korotaamnei iroun Nancy Malsawmthar

Ana tuubu Rachel
Kizimchuk, Stephanie
ISBN: 978-1-922849-20-5
SKU02275

Ana tuubu Rachel

E kakukureiko te amwarake?
Iai bwaai aika e kauringko?
E buoka ni kaoka ana uruuring
Rachel te amwarake.

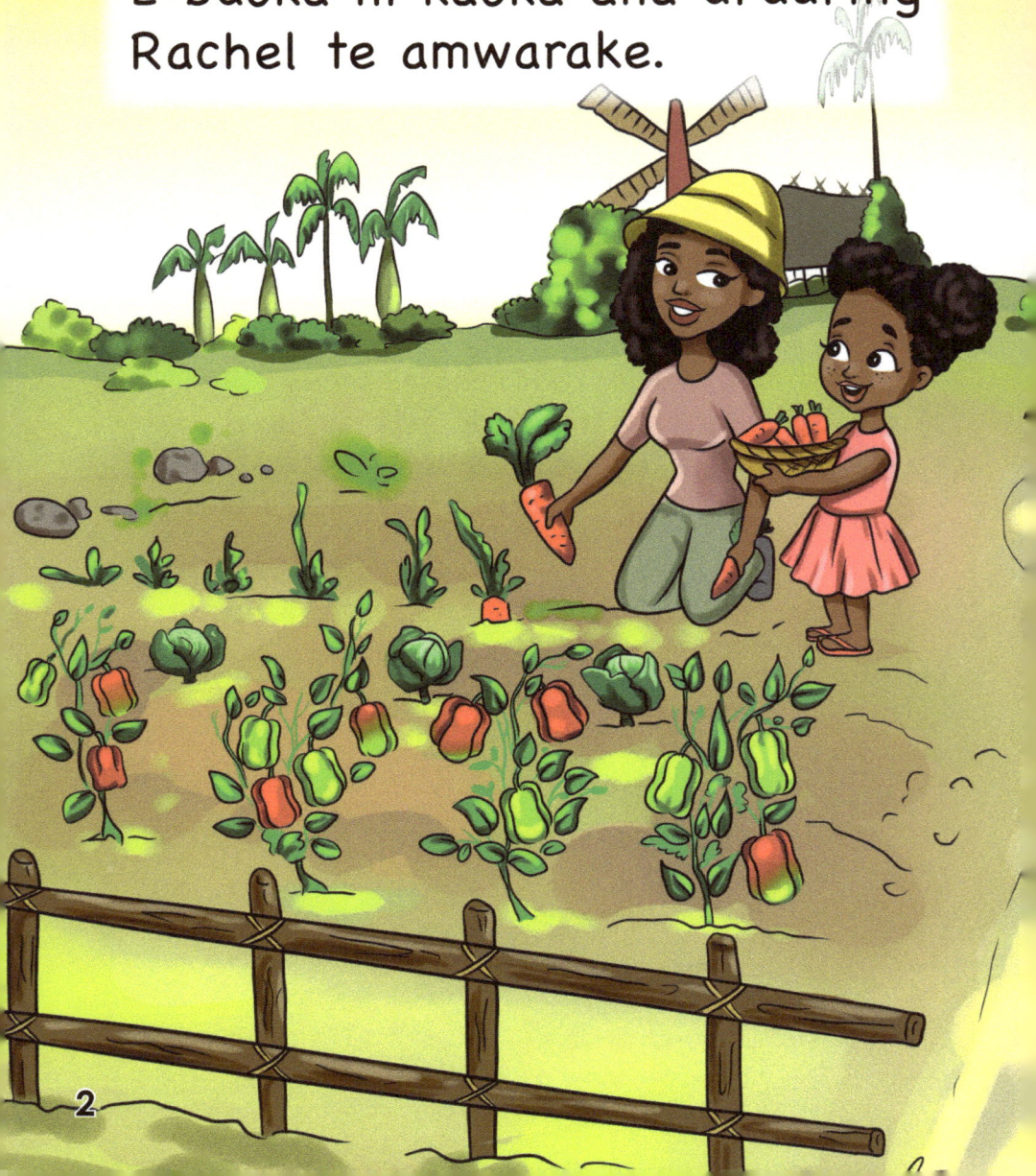

Ngke e uareereke Rachel ao e maamaeka ma ana utuu n te kaawa. E maeka ma tinana, tamana, mwaanena ao tarina. E namakina te kukurei Rachel.

E taatangiria Rachel ni buoka tinana ni kuukana te tuubu. E buoka tinana ni korokoroi taian uaanikai ao ni kabwakai i nanon te bwaata. A rangi n tamaaroa karaia, ai aron karan nei wiiraraa.

E rangi n unga Rachel n
ongoongoraa nakon ana
anene tinana, i nanon aia
tai ni kuuka.

E arokii boin renganan te
kuuka Rachel.

E aki toki n noora kangkangin
ranin te tuubu Rachel.
E aabuee i aon newena ao
kangkangina e rangi n okoro.

A katairiki n te tuubu ma kaain aia utuu. A ongoraa ni karakinan uareerekeia ao a ngangarengare iai ma tamaia ao tinaia.

A namakina te mweengaraoi ao
te tangira i nanon aia utuu.

Ngkai, e a ikawai Rachel ao e maeka ao ni mwakuri n te taaun. A rangi ni kakatonga ana karo irouna ao e rangi ni kukurei n ana mwakuri.

E bon rangi n raroa nako ma
ana kaawa ao ana utuu.

N tabetai, e namakina te botu
ao te maaku Rachel.

E uringa tinana ao tamana,
mwaanena ao tarina. E rangi
n nanokaawaki Rachel n ana
namakin ae taraan ae e na
taenikai ao ni kiitana te taaun.

E a iangoia ngkanne Rachel
bwa e na kakukureia ma ni
karaoa ana tuubu bwa ana
katairiki, kaanga ai aron are
e kaakaraoia n te kaawa.

E korokoroi taian uaanikai nako
nanon ana bwaata.

A rangi n tamaaroa karaia n ai
aron karan nei wiiraraa, n aron
are e taneiai n noonooria.

E anenei anene ake e aki
toki n anenei tinana.

E a manga arokii naba boin
renganan ana kuuka.

Ngke e a noora kangkangin
ranin ana tuubu, e rangi ni
kukurei n namta aabueena i
aon newena ao kangkangina
are e taneiai iai.
E namakina te kukurei Rachel.

E uringa tinana, tamana,
mwaanena, tarina ao e a
toki angin maakuna.

Ma e tuai bane arona. E rin
angin Rachel i mwiin nooran
kangkangin ana tuubu.

E itiia teutana ana tuubu
ao e nakon ana mataroa
kaain rarikin ana ruu.

E kauka te mataroa Shelly ma te moangare ao e karina Rachel.

A kaai ni katairiki Rachel
ao Shelly n te tuubu.

A anenei kunaia aika a taatangirii ao a karakinii aroia ngke a uareereke.

A kaai ni ngarengare ao n namakina te mweengaraoi ao te kukurei.

Ko kona ni kaboonganai titiraki aikai ni maroorooakina te boki aio ma am utuu, raoraom ao taan reirei.

Teraa ae ko reiakinna man te boki aio?

Kabwarabwaraa te boki aio.
E kaakamanga? E kakamaaku?
E kaunga? E kakaongoraa?

Teraa am namakin i mwiin warekan te boki aio?

Teraa maamaten nanom man te boki aei?

Karina ara burokuraem ni wareware
getlibraryforall.org

Rongorongon te tia korokaraki

Bon te Cultural Historian Dr Stephanie Kizimchuk ae e mmwakuri n te University of Canberra (UC) i Aotiteeria. E a tia n reke ana PhD n te Arts and Social Sciences, ao e boboto ana reirei i aon te cultural history ao te memory man te Australian National University (ANU). E taatangiria n noora korakoran taian karaki ao ni kekeri bwa e kanga te karaki ni kaoti rongorongon rimoa, kauring ao kinaakiia aomata. E maamate naba nanona ni karikirakea tangiran te karaki ao te wareware irouia aomata. E maeka Stephanie i Canberra Stephanie ma buuna, ana ika ao uoman ana katamwa.

Ko kukurei n te boki aei?

Iai ara karaki aika a tia ni baarongaaki aika a kona n rineaki.

Ti mwakuri n ikarekebai ma taan korokaraki, taan kareirei, taan rabakau n te katei, te tautaeka ao ai rabwata aika aki irekereke ma te tautaeka n uarokoa kakukurein te wareware nakoia ataei n taabo ni kabane.

Ko ataia?

E rikirake ara ibuobuoki n te aonnaaba n itera aikai man irakin ana kouru te United Nations ibukin te Sustainable Development.

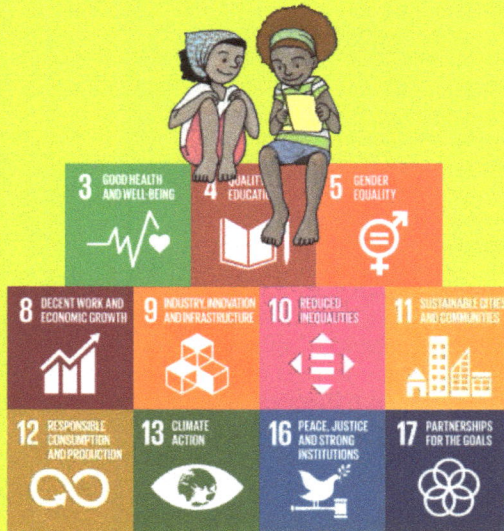